AF201366

Impressum
Verlag: BABADADA GmbH, Nedderfeld 112 , 22529 Hamburg
Geschäftsführer / Verlagsleitung: Harald Hof
Druck: Books on Demand GmbH, In de Tarpen 42, 22848 Norderstedt

Imprint
Publisher: BABADADA GmbH, Nedderfeld 112 , 22529 Hamburg, Germany
Managing Director / Publishing direction: Harald Hof
Print: Books on Demand GmbH, In de Tarpen 42, 22848 Norderstedt, Germany

shkolla
escola

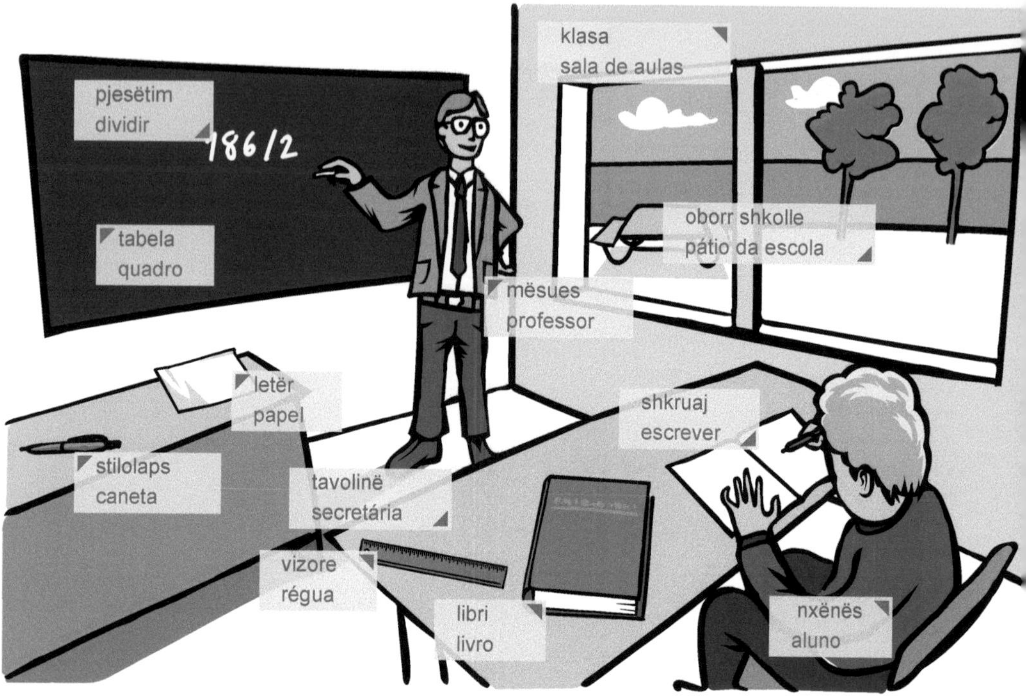
klasa
sala de aulas
pjesëtim
dividir
186/2
tabela
quadro
oborr shkolle
pátio da escola
mësues
professor
letër
papel
shkruaj
escrever
stilolaps
caneta
tavolinë
secretária
vizore
régua
libri
livro
nxënës
aluno

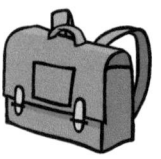

çantë
mochila

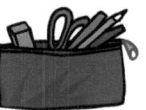

mbajtëse lapsash
estojo de lápis

laps
lápis

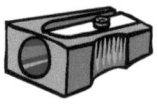

mprehës lapsash
afia-lápis

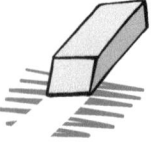

gomë
borracha

fletore vizatimi
bloco de desenho

vizatim
desenho

penel
pincel

kuti bojërash
caixa de tintas

gërshërë
tesoura

ngjitës
cola

fletore detyrash
livro de exercícios

detyrë shtëpie
trabalhos de casa

12

numër
número

2+2

mbledh
somar

5-2

zbres
subtrair

2×2

shumëzoj
multiplicar

llogaris
calcular

A

gërmë
letra

ABCDEFG
HIJKLMN
OPQRSTU
VWXYZ

alfabeti
alfabeto

hello

fjalë
palavra

tekst

texto

lexoj

ler

shkumës

giz

mësim

hora

regjistër

registo de presenças

provim

exame

çertifikatë

certificado

uniformë shkolle

uniforme escolar

arsimim

educação

enciklopedia

enciclopédia

universitet

universidade

mikroskop

microscópio

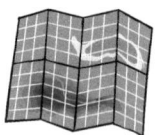

hartë

mapa

kosh letrash

cesto de lixo

shkolla - escola

hotel
hotel

Grand

bujtinë
hostel

pikë këmbimi valutor
casa de câmbio

ECHANGE

valixhe
mala

makinë
carro

gjuhë
idioma

po / jo
sim / não

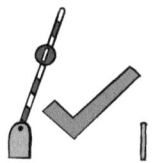

Në rregull
ok / certo / correto

ç'kemi
olá

përkthyes
intérprete

Faleminderit
obrigado

sa kushton…?
quanto é que custa…?

nuk e kuptoj
não entendo

problem
problema

Mirëmbrëma!
boa noite!

Mirëmëngjes!
Bom dia!

Natën e mirë!
Boa noite!

mirupafshim
adeus

drejtim
direção

bagazhet
bagagem

çantë
saco

çantë shpine
mochila

mysafir
convidado

dhomë
quarto

thes gjumi
saco-cama

tendë
tenda

udhëtim - viagem

informacion për turistët

informação turística

plazh

praia

kartë krediti

cartão de crédito

mëngjes

pequeno-almoço

drekë

almoço

darkë

jantar

Biletë

bilhete

ashensor

elevador

pulla

selo postal

kufi

fronteira

doganë

alfândega

ambasadë

embaixada

vizë

visto

pasaportë

passaporte

transport
transporte

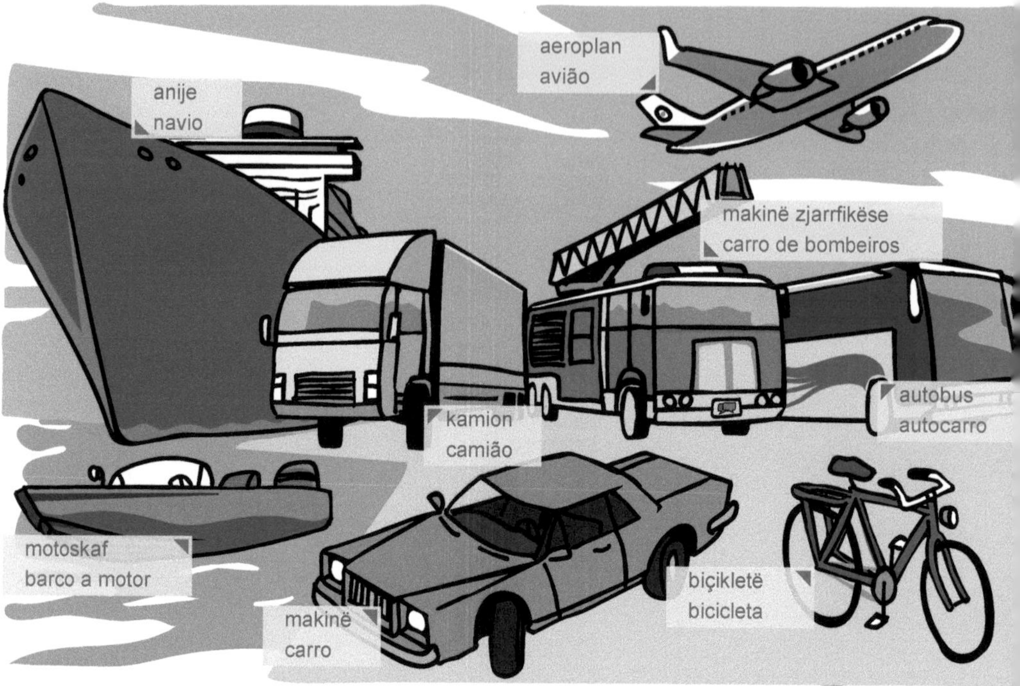
aeroplan
avião
anije
navio
makinë zjarrfikëse
carro de bombeiros
autobus
autocarro
kamion
camião
motoskaf
barco a motor
biçikletë
bicicleta
makinë
carro

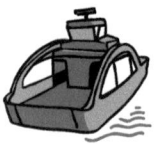

traget

cacilheiro

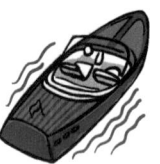

varkë

barco

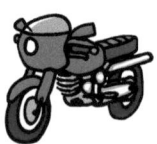

motoçikletë

mota

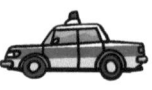

makinë policie

carro de polícia

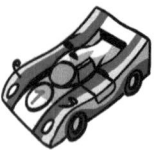

makinë garash

carro de corrida

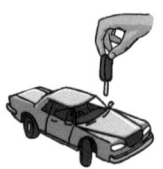

makinë me qira

carro alugado

darje e qirasë së makinës

carsharing

karroatrec

camião de reboque

makinë plehrash

camião do lixo

motor

motor

benzinë

combustível

pikë karburanti

estação de serviço

sinjalistikë trafiku

sinal de trânsito

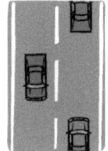

trafik

trânsito

bllokim trafiku

congestionamento de trânsito

parkim makinash

parque de estacionamento

stacion treni

estação ferroviária

trase

carris

tren

comboio

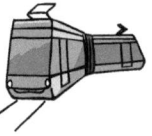

tramvaj

elétrico

karro

carruagem

helikopter

helicóptero

aeroport

aeroporto

kullë

torre

pasagjer

passageiro

kontenier

contentor

kuti kartoni

caixa de papelão

qerre

carrinho

shportë

cesto

ngrihem / ulem

levantar voo / aterrar

qytet

cidade

fshat

aldeia

qendra e qytetit

centro da cidade

shtëpi

casa

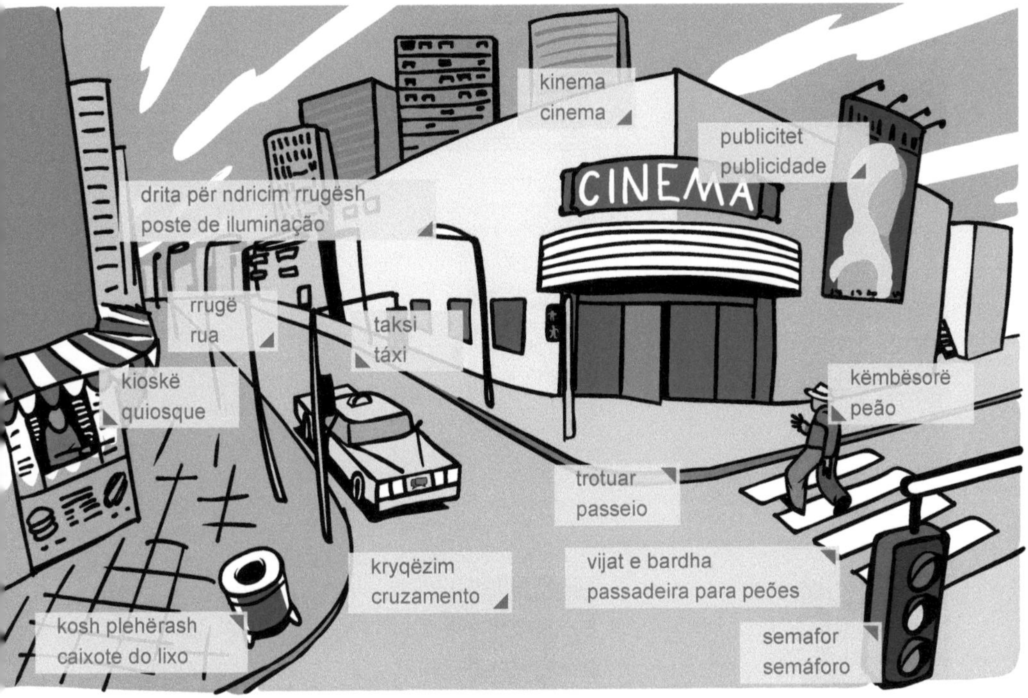

kinema
cinema

publicitet
publicidade

drita për ndricim rrugësh
poste de iluminação

rrugë
rua

taksi
táxi

këmbësorë
peão

kioskë
quiosque

trotuar
passeio

kryqëzim
cruzamento

vijat e bardha
passadeira para peões

kosh plehërash
caixote do lixo

semafor
semáforo

kasolle
cabana

apartament
apartamento

stacion treni
estação ferroviária

bashki
câmara municipal

muze
museu

shkolla
escola

qytet - cidade

11

universitet

universidade

bankë

banco

spital

hospital

hotel

hotel

farmaci

farmácia

zyrë

escritório

librari

livraria

dyqan

loja

dyqan lulesh

florista

supermarket

supermercado

market

mercado

mapo

loja de departamentos

dyqan peshku

peixaria

qëndër tregtare

centro comercial

port

porto

qytet - cidade

park

parque

stol

banco

urë

ponte

shkallë

escadas

metro

metro

tunel

túnel

stacion autobuzi

paragem de autocarro

bar

bar

restorant

restaurante

kuti postare

caixa de correio

sinjalistikë rrugore

sinal de trânsito

kohëmatës parkimi

parquímetro

kopsht zoologjik

jardim zoológico

pishinë

piscina

xhami

mesquita

fermë
....
quinta

ndotje
....
poluição

varrezë
....
cemitério

kishë
....
igreja

shesh lojërash
....
parque infantil

tempull
....
templo

peisazh
paisagem

gjethe
folha

tabela orientuese
placa de sinalização

rrugë
caminho

livadh
prado

gurë
pedra

ekskursionist
caminhantes

pemë
árvore

lumë
rio

bar
relva

lule
flor

luginë

vale

kodër

montanha

liqen

lago

pyll

floresta

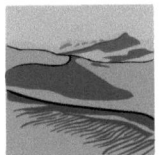

shkretëtirë

deserto

vullkan

vulcão

kështjellë

castelo

ylber

arco-íris

kepudhë

cogumelo

palmë

palma

mushkonjë

mosquito

mizë

mosca

milingonë

formiga

bletë

abelha

merimangë

aranha

peisazh - paisagem

15

brumbull

besouro

bretkosë

sapo

ketër

esquilo

iriq

ouriço

lepur

lebre

buf

coruja

zog

pássaro

mjellmë

cisne

derr i egër

javali

dre

veado

dre brilopatë

alce

digë

barragem

turbinë ere

turbina eólica

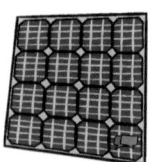

panel diellor

painel solar

klimë

clima

restorant

restaurante

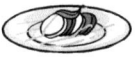

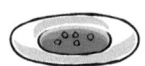

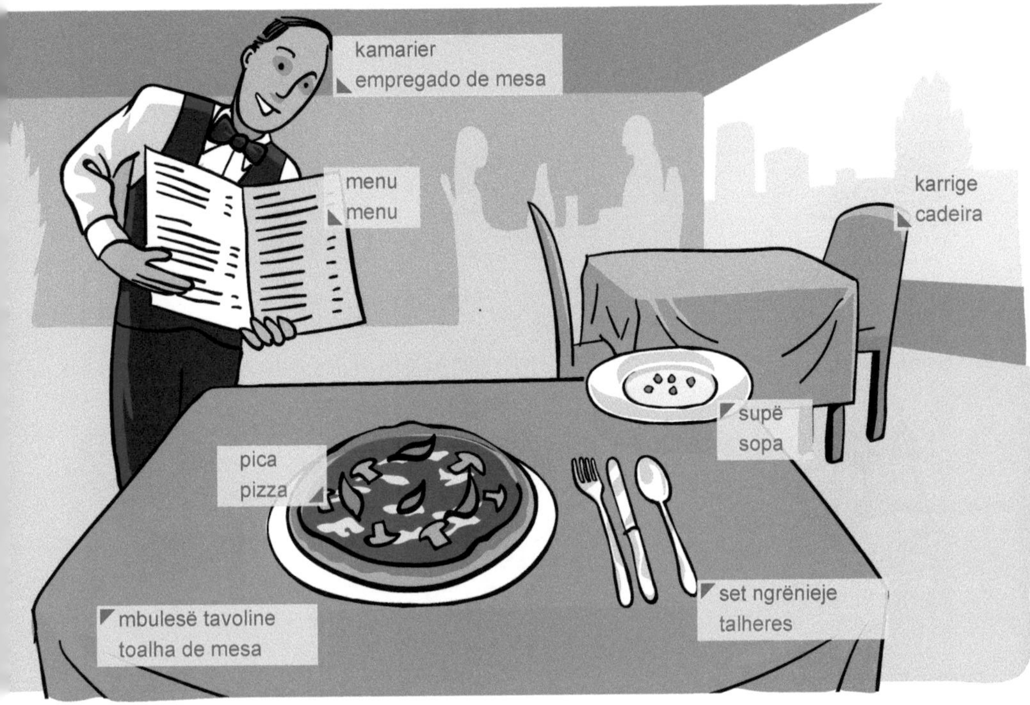
kamarier
empregado de mesa
menu
menu
karrige
cadeira
supë
sopa
pica
pizza
set ngrënieje
talheres
mbulesë tavoline
toalha de mesa

pjatë e parë

entrada

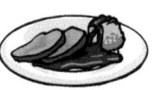

pjatë kryesore

prato principal

ëmbëlsirë

sobremesa

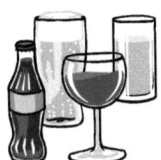

pije

bebidas

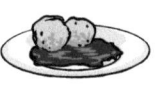

ushqim

comida

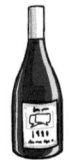

shishe

garrafa

ushqim i shpejtë

fast food

ushqim i shërbyer në rrugë

comida de rua

ibrik çaji

bule de chá

kuti sheqeri

açucareiro

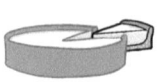

racion

porção

makinë kafeje ekspres

máquina de café expresso

karrige e lartë

cadeira alta

faturë

conta

tabaka

bandeja

thika

faca

pirun

garfo

lugë

colher

lugë çaji

colher de chá

pecetë

guardanapo

gotë

copo

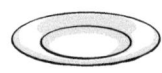

pjatë
prato

pjatë supe
prato de sopa

pjatë filxhani
pires

salcë
molho

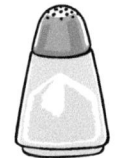

mbajtëse kripe
saleiro

mulli piperi
moinho de pimenta

uthull
vinagre

vaj
óleo

erëza
especiarias

keçap
ketchup

mustardë
mostarda

majonezë
maionese

supermarket
supermercado

ofertë speciale
oferta especial
FOR
klient
cliente
produkte bulmeti
laticínios
frut
fruta
karrocë pazari
carrinho de compras

BUTCHERS

dyqan mishi
talho

BAKERY

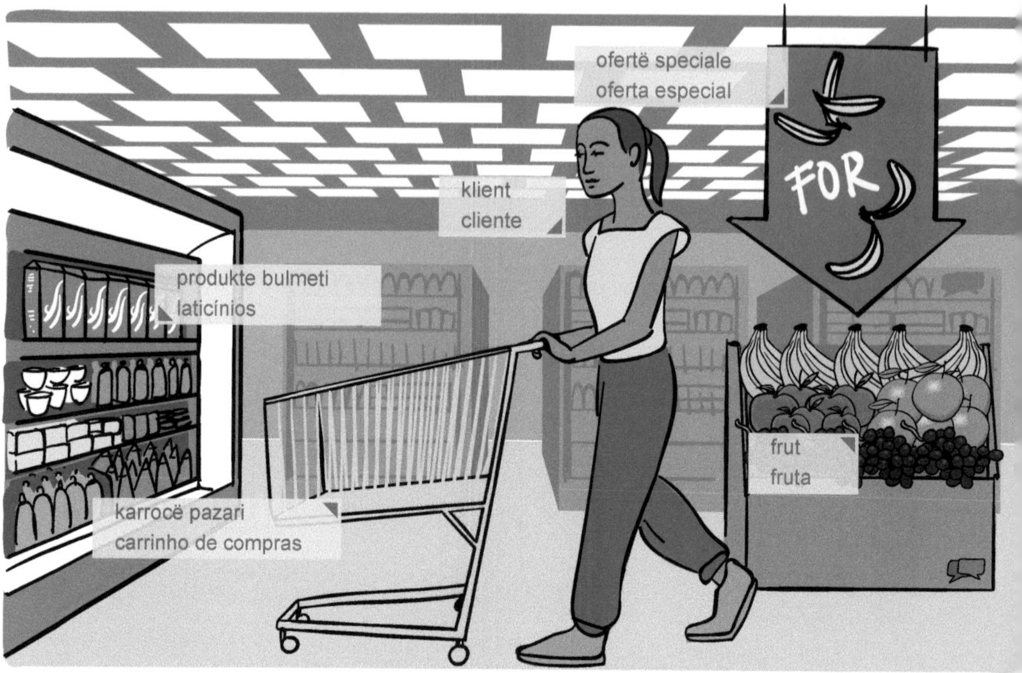

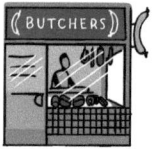

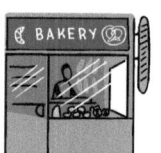

furrë buke
padaria

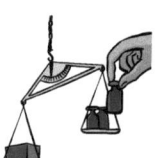

peshoj
pesar

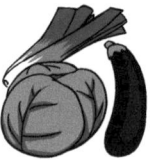

perime
vegetais

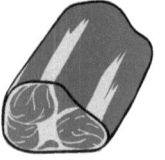

mish
carne

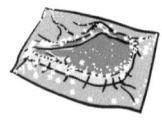

ushqim i ngrirë
alimentos congelados

copë

charcutaria

ushqim i konservuar

comida enlatada

pluhur larës

detergente em pó

ëmbëlsirat

doces

prodhime shtëpie

artigos domésticos

produkte pastrimi

produtos de limpeza

shitëse

vendedora

kasë fiskale

caixa

arkëtar

caixa

listë blerjeje

lista de compras

oraret e punës

horário de funcionamento

portofol

carteira

kartë krediti

cartão de crédito

çantë

saco

qese plastike

saco de plástico

ujë

água

lëng frutash

sumo

qumësht

leite

koka-kola

coca-cola

verë

vinho

birrë

cerveja

alkool

álcool

kakao

cacau

çaj

chá

kafe

café

kafe ekspres

café expresso

kapuçino

capuccino

banane

banana

mollë

maçã

portokalle

laranja

pjepër

melão

limon

limão

karrotë

cenoura

hudhër

alho

bambu

bambu

qepë

cebola

kërpudha

cogumelo

arra

nozes

makarona

talharim

spageti

esparguete

oriz

arroz

sallatë

salada

patate të skuqura

batatas fritas

patate të skuqura

batatas fritas

pica

pizza

hamburger

hambúrguer

sanduiç

sanduíche

shnicel

bife panado

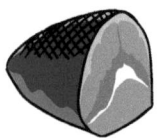

proshutë

fiambre

sallam

salame

salçiçe

salsicha

pulë

galinha

skuq

assado

peshk

peixe

tërshërë
flocos de aveia

drithëra
muesli

kornfleiks
flocos de milho

miell
farinha

kruasant
croissant

panine
carcaça (pãozinho)

bukë
pão

tost
torrada

biskotë
biscoitos

gjalp
manteiga

gjizë
requeijão

tortë
bolo

vezë
ovo

vezë sy
ovo estrelado

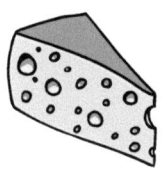

djathë
queijo

akullore

gelado

sheqer

açúcar

mjaltë

mel

marmaladë

compota

çokokrem

creme de nougat

këri

caril

fermë
quinta

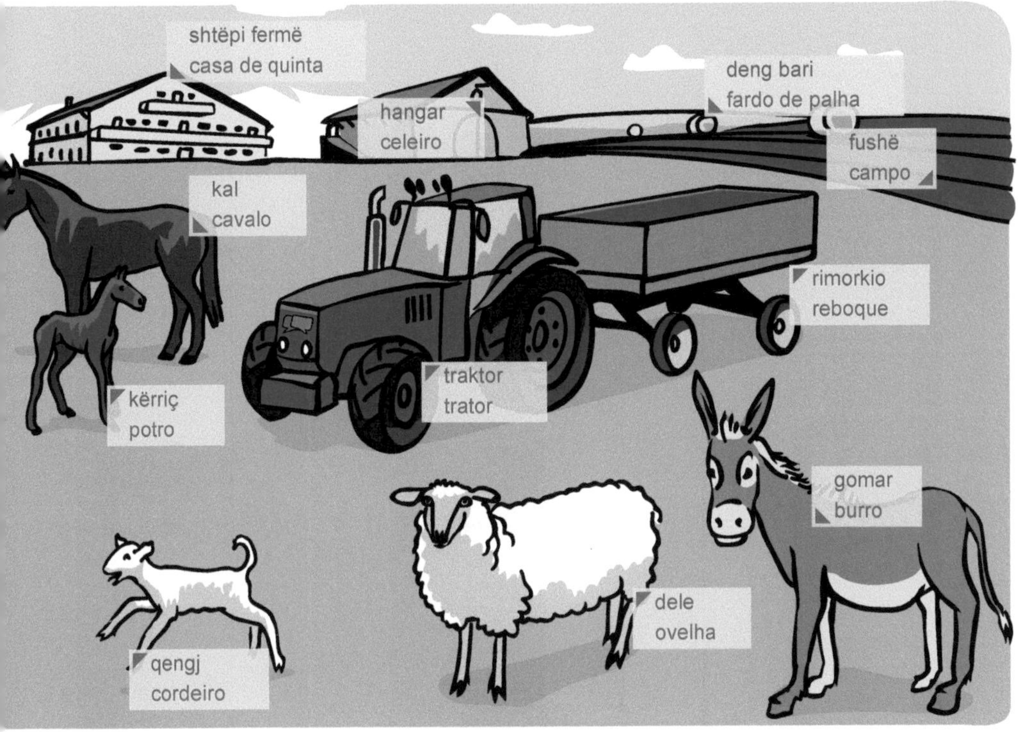
shtëpi fermë
casa de quinta
hangar
celeiro
deng bari
fardo de palha
fushë
campo
kal
cavalo
rimorkio
reboque
traktor
trator
kërriç
potro
gomar
burro
dele
ovelha
qengj
cordeiro

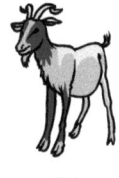

dhi

cabra

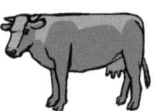

lopë

vaca

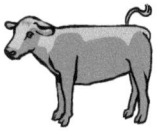

viç

bezerro

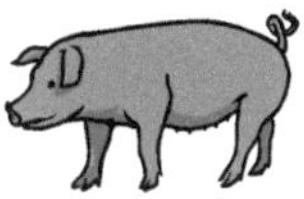

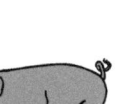

derr

porco

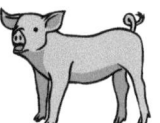

derrkuc

leitão

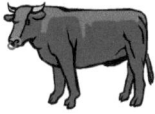

dem

touro

patë

ganso

rosë

pato

zog pule

pintaínho

pulë

galinha

gjel

galo

mi

ratazana

mace

gato

mi

rato

buall

boi

qen

cão

kolibe qeni

casota

zorrë vaditëse

mangueira de jardim

vaditëse

regador

kosë

foice

plug

arado

drapër
foice

shat
enxada

kosa
forquilha

sëpatë
machado

karrocë
carrinho de mão

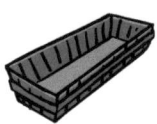

govatë
manjedoura

bidon qumështi
jarro de leite

thes
saco

gardh
cerca

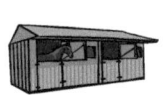

ahur
estábulo

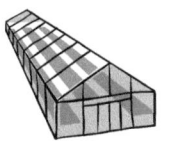

serë
estufa

dhe
solo

farë
semente

pleh
fertilizante

autokombanjë
ceifeira-debulhadora

korr
colher

te korrat
colheita

patate e ëmbël "Yam"
inhame

grurë
trigo

soja
soja

patate
batata

misër
milho

raps
colza

pemë frutore
árvore de fruto

zhardhok manioku
mandioca

drithëra
cereais

shtëpi

casa

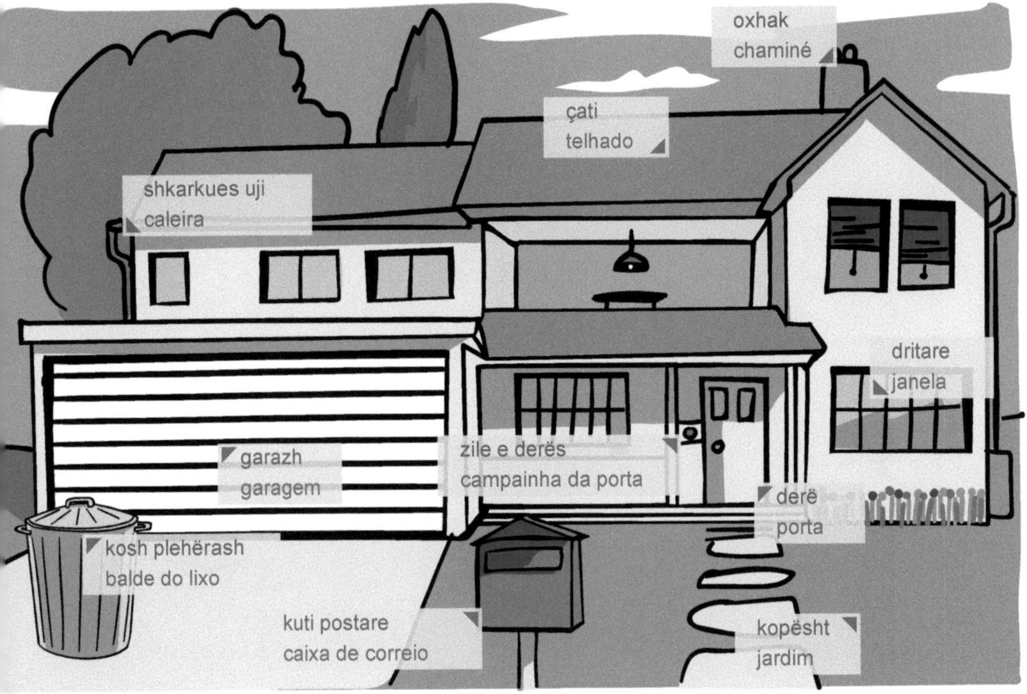
oxhak
chaminé
çati
telhado
shkarkues uji
caleira
dritare
janela
garazh
garagem
zile e derës
campainha da porta
derë
porta
kosh plehërash
balde do lixo
kuti postare
caixa de correio
kopësht
jardim

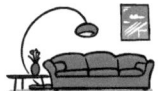

dhomë ndenjeje

sala de estar

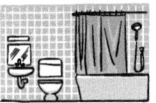

tualet

casa de banho

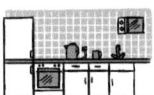

kuzhinë

cozinha

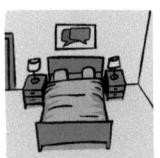

dhomë gjumi

quarto de dormir

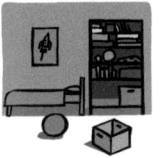

dhomë fëmijësh

quarto de criança

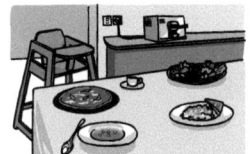

dhomë ngrënieje

sala de jantar

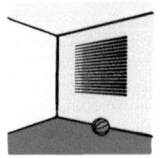

dysheme

chão

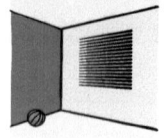

mur

parede

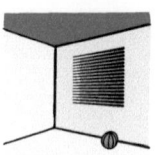

tavan

teto

bodrum

cave

sauna

sauna

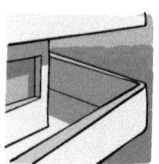

ballkon

varanda

tarracë

terraço

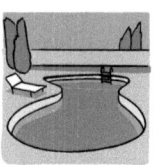

pishinë

piscina

kositëse bari

máquina de cortar relvado

çarçaf

lençol

kuvertë

cobertor

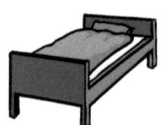

krevat

cama

fshesë dore

vassoura

kovë

balde

çelës

interruptor

dhomë ndenjeje

sala de estar

tapiceri
papel de parede
fotografi
imagem
llambë
lâmpada
raft
prateleira
dollap
armário
pajisje televizive
televisão
vatër
lareira
lule
flor
jastëk
almofada
divan
sofá
vazo
vaso
telekomandë
controlo remoto

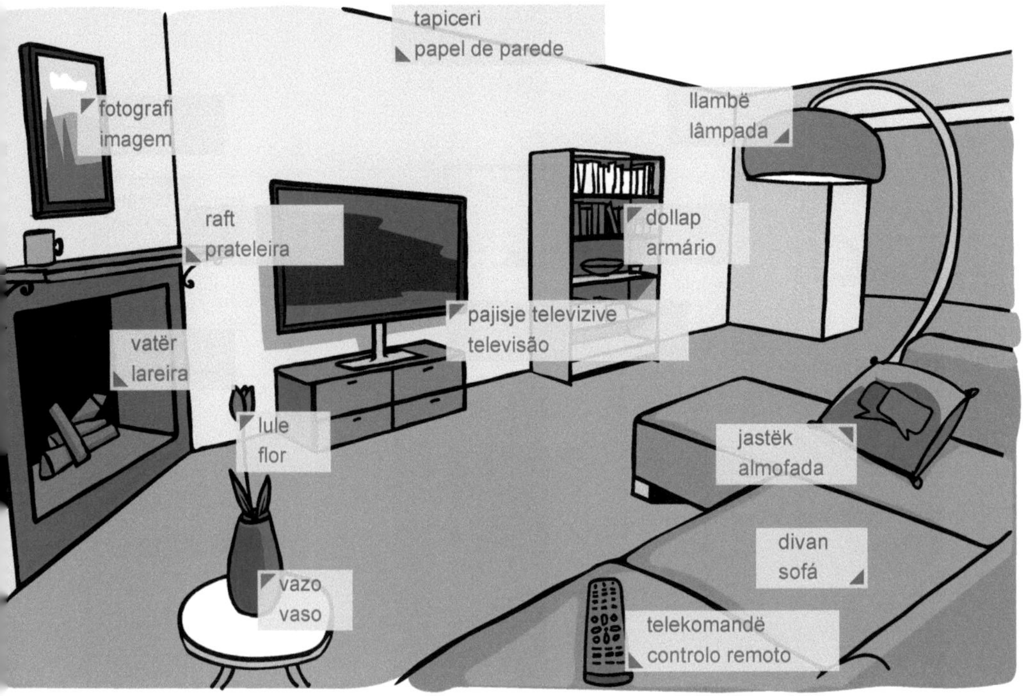

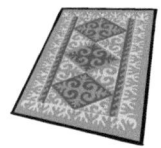

qilim
tapete

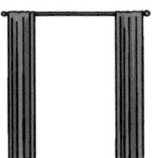

perde
cortina

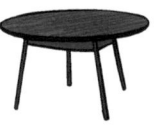

tavolinë
mesa

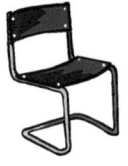

karrige
cadeira

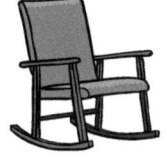

karrige lëkundëse
cadeira de baloiço

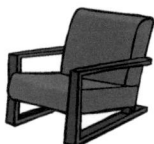

kolltuk
poltrona

libri

livro

batanije

cobertor

zbukurime

decoração

dru zjarri

lenha

film

filme

stereo

sistema estéreo

çelës

chave

gazetë

jornal

pikturë

pintura

afishe

póster

radio

rádio

bllok shënimesh

bloco de notas

fshesë me korent

aspirador

kaktus

cato

qiri

vela

kuzhinë
cozinha

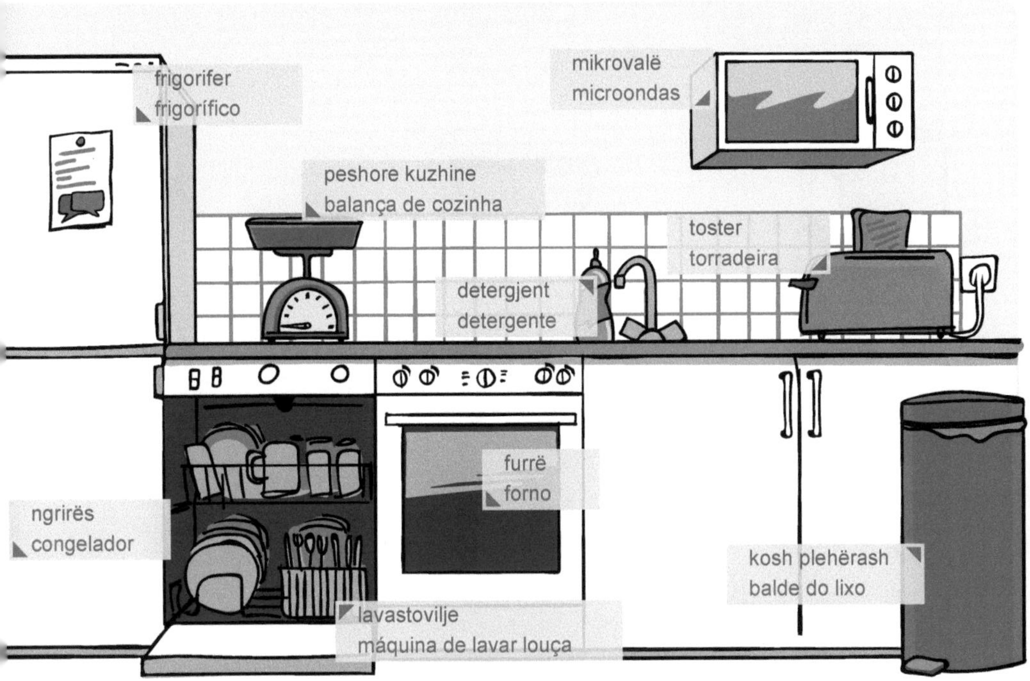

frigorifer
frigorífico
mikrovalë
microondas
peshore kuzhine
balança de cozinha
toster
torradeira
detergjent
detergente
furrë
forno
ngrirës
congelador
kosh plehërash
balde do lixo
lavastovilje
máquina de lavar louça

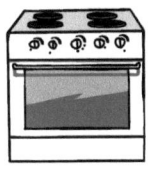

sobë
fogão

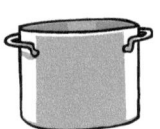

tenxhere
panela

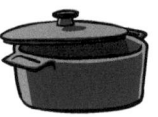

tenxhere me kapak
panela de ferro

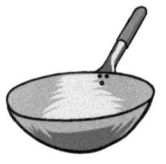

tigan special (Wok)
wok / kadai

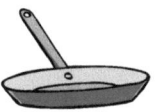

tigan
frigideira

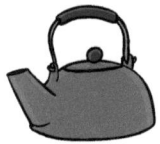

çajnik
chaleira

tenxhere me avull

panela a vapor

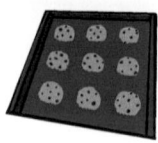

tavë pjekjeje

tabuleiro de forno

enë

louça

filxhan

caneca

tas

tigela

shkopinj

pauzinhos

garuzhde

concha de sopa

spatul

espátula

tel kuzhine

batedor de claras

kulluese

escorredor

sitë

peneira

rende

ralador

havan

almofariz

skarë

churrasqueira

zjarr

lareira

dërrasë për prerje

tábua de cortar

okllai

rolo da massa

heqëse tapash

saca-rolhas

kanaçe

lata

hapëse kanaçeje

abridor de latas

rrobë për të kapur tenxheren

luvas de forno

lavaman

lava-loiça

furçë

escova

sfungjer

esponja

përzjerës

liquidificador

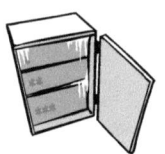

ngrirës

arca frigorífica

biberon për lëngje

biberão

rubinet

torneira

tualet

casa de banho

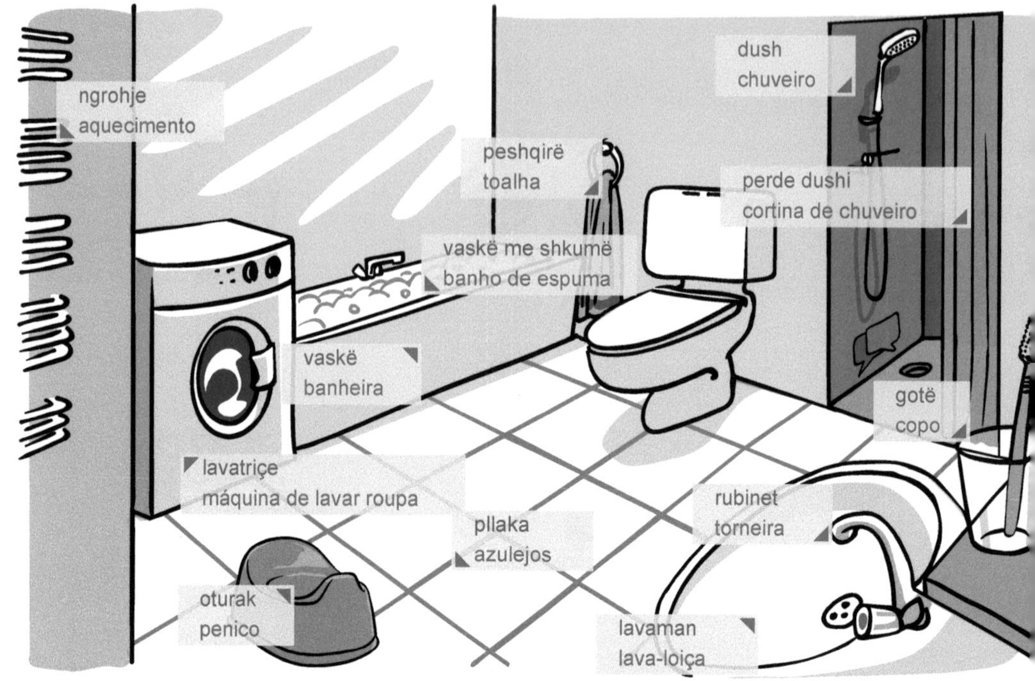

ngrohje
aquecimento
dush
chuveiro
peshqirë
toalha
perde dushi
cortina de chuveiro
vaskë me shkumë
banho de espuma
vaskë
banheira
gotë
copo
lavatriçe
máquina de lavar roupa
rubinet
torneira
pllaka
azulejos
oturak
penico
lavaman
lava-loiça

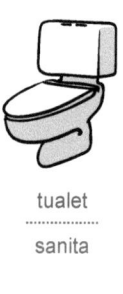

tualet

sanita

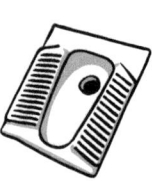

WC e sheshtë

retrete turca

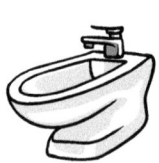

bide

bidé

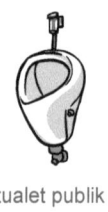

tualet publik

urinol

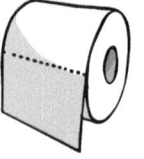

letër higjienike

papel higiénico

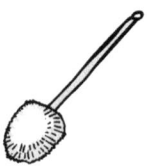

furçe për WC

piaçaba

furçë dhëmbësh

escova de dentes

pastë dhëmbësh

pasta de dentes

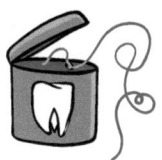

fije dentare

fio dentário

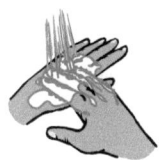

laj

lavar

dorezë dushi

chuveiro de mão

larës për zonën intime

duche íntimo

legen

bacia

furçë për masazh shpine

escova para as costas

sapun

sabonete

shampo trupi

gel de banho

shampo

champô

leckë pastruese

toalha de rosto

kullues

escoamento

krem

creme

antidjersë

desodorizante

pasqyrë

espelho

pasqyrë dore

espelho de mão

brisk rroje

máquina de barbear

shkumë rroje

creme de barbear

locion pas rrojes

loção pós-barba

krehër

pente

furçë

escova

tharëse flokësh

secador de cabelo

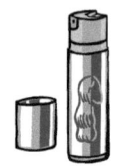

llak për flokët

spray de cabelo

grim

maquilhagem

buzëkuq

batom

manikyr

verniz de unhas

mbushje pambuku

algodão

gërshërë për thonj

tesoura para unhas

parfum

perfume

antë për sendet personale

Stol

peshore

nécessaire

tamborete

balança

robëdëshambër

dorashka gome

tampon

roupão de banho

luvas de borracha

tampão

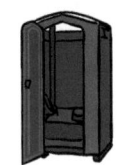

peceta higjienike

tualet I lëvizshëm

penso higiénico

WC químico

tualet - casa de banho

dhomë fëmijësh

quarto de criança

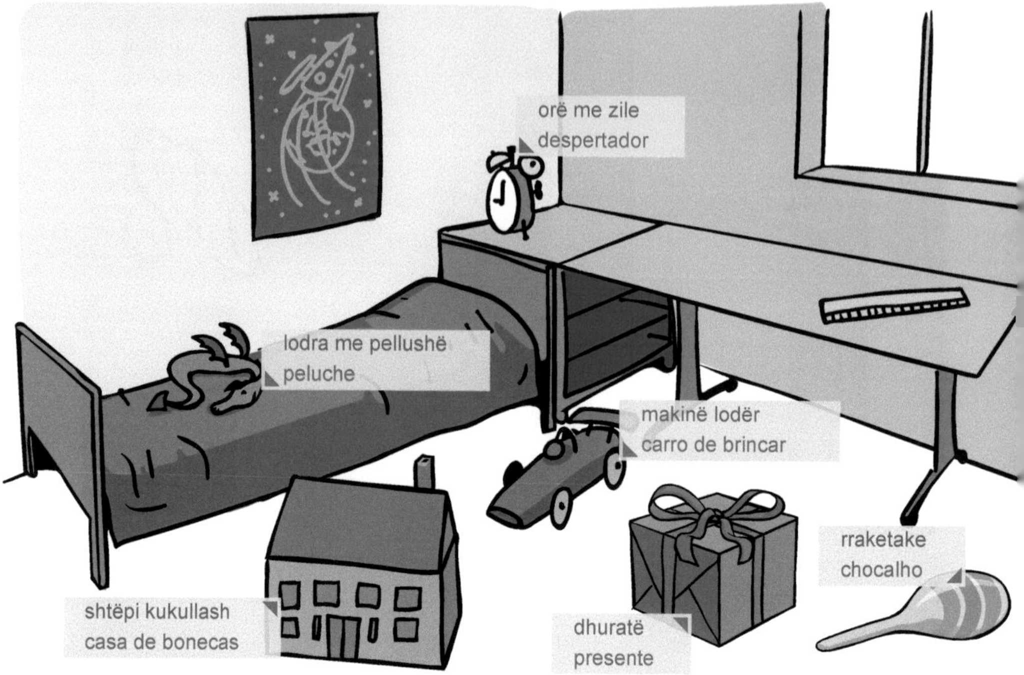
orë me zile
despertador
lodra me pellushë
peluche
makinë lodër
carro de brincar
rraketake
chocalho
shtëpi kukullash
casa de bonecas
dhuratë
presente

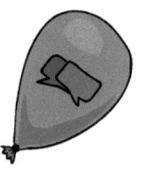

tollumbace
....
balão

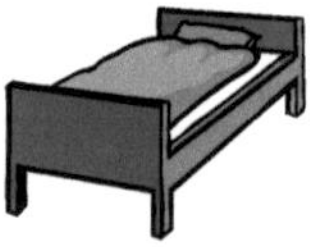

krevat
....
cama

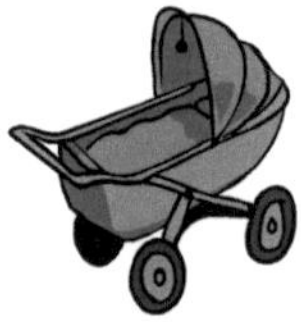

karrocë fëmijësh
....
carrinho de bebé

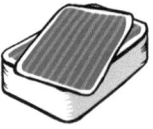

lojë me letra
....
jogo de cartas

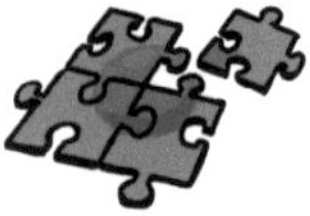

bashkim pjesësh me figura
....
quebra-cabeças

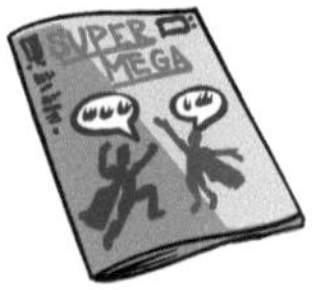
SUPER
MEGA

komik
....
banda desenhada

formuese lodër

peças de Lego

kuba plastikë

blocos de construção

lodra

figura de ação

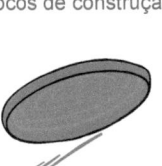

badi

fato de bebé

frizbi

Frisbee

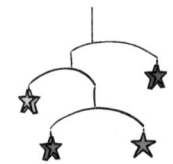

lodra të varura tek krevati i fëmijëve

móbile para bebé

tavolinë lojërash

jogo de tabuleiro

zare

dados

model treni

pista de comboio elétrico

biberon

chupeta

festë

festa

libër me ilustrime

livro ilustrado

top

bola

kukull

boneca

luaj

jogar

grumbull rëre

caixa de areia

kolovarëse

baloiço

lodra

brinquedos

leva për lojra video

consola de jogos

triçikël

triciclo

arush prej pellushi

ursinho de peluche

garderobë

guarda-roupa

veshje
vestuário

çorape

meias

çorape të gjata

meias pelo joelho

geta

meias-calças

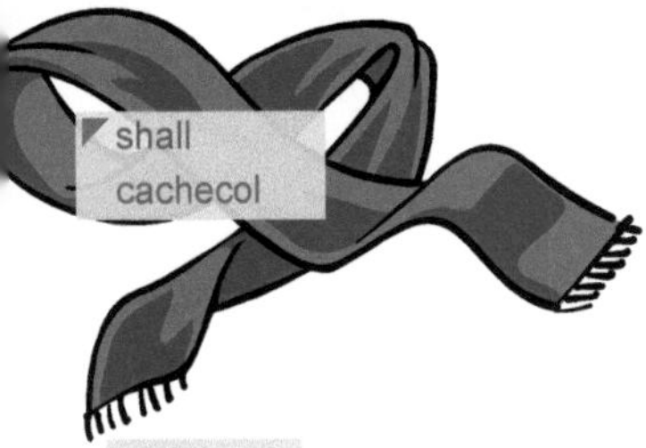

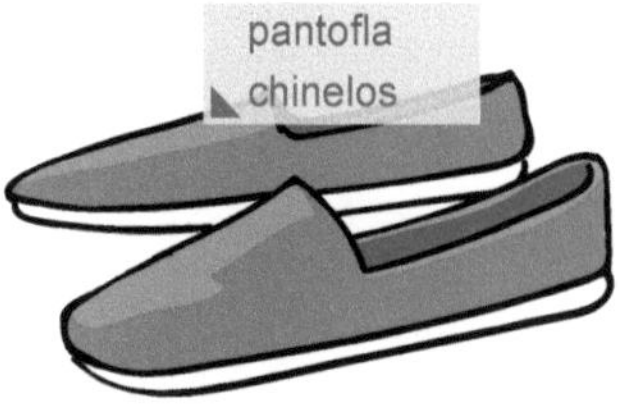

shall
cachecol

rrip
cinto

çadër
guarda-chuva

bluzë pa jakë
t-shirt

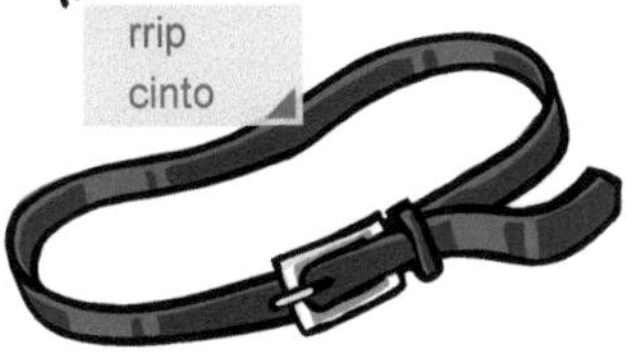

çizme
botas

pantofla
chinelos

atlete
sapatilhas

sandale
....
sandálias

këpucë
....
sapatos

çizme llastiku
....
botas de borracha

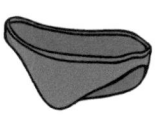

të mbathura
....
cuecas

reçipeta
....
sutiã

kanotierë
....
camisola interior

trup
body

pantallona
calças

xhinse
calças de ganga

fund
saia

bluzë
blusa

këmishë
camisa

pulovër
pulôver

triko
camisola com capuz

xhaketë
blazer

xhaketë
casaco

pallto
manto

mushama shiu
gabardina

kostum
traje

fustan
vestido

fustan nusërie
vestido de casamento

kostum
fato

këmishë nate
camisa de dormir

pizhama
pijama

sari (veshje tradicionale indiane)
sari

shami koke
lenço de cabeça

çallmë
turbante

veshje për femrat e besimit musliman
burca

kaftan (lloj veshjeje tradicionale)
cafetã

ferexhe
abaya

kostum banje
fato de banho

rroba banje
calções de banho

pantallona të shkurtra
calções

tuta sporti
fato de treino

përparëse
avental

dorashka
luvas

veshje - vestuário

kopsë

botão

syze

óculos

byzylyk

pulseira

gjerdan

colar

unazë

anel

vath

brinco

kapuç

boné

varëse për pallto

cabide

kapele

chapéu

kravatë

gravata

zinxhir

fecho de correr

helmetë

capacete

tiranda

suspensórios

uniformë shkolle

uniforme escolar

uniformë

uniforme

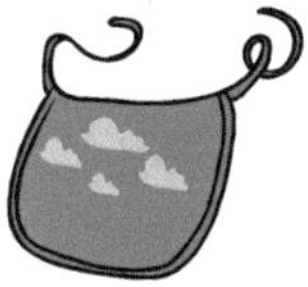

gushore

babete

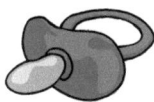

biberon

chupeta

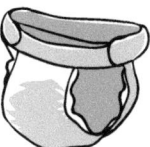

pelenë

fralda

zyrë
escritório

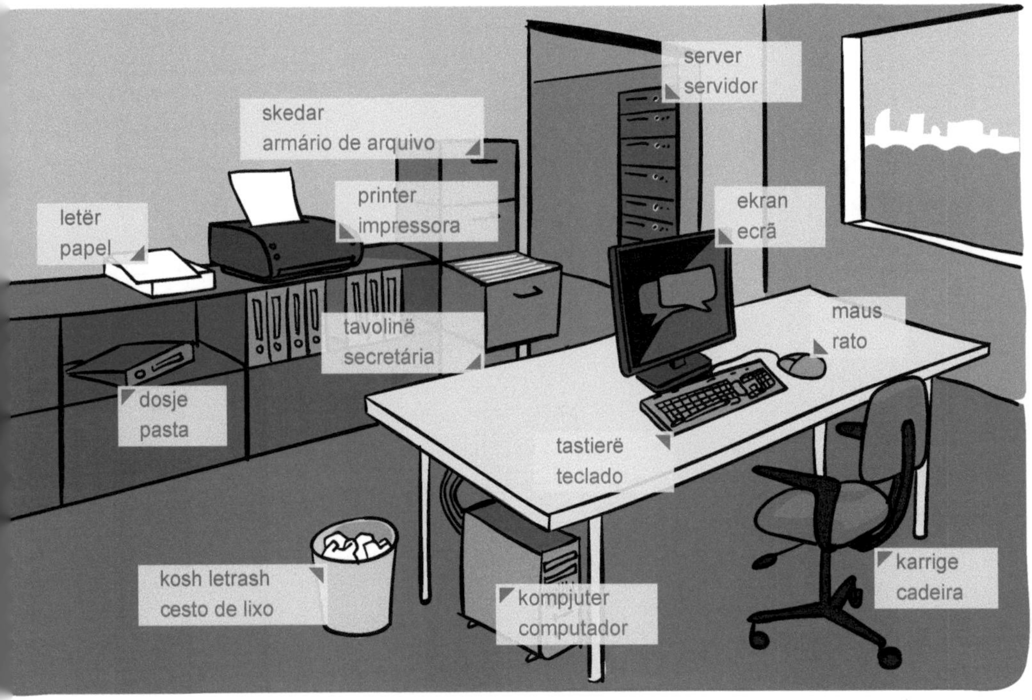

server
servidor
skedar
armário de arquivo
printer
impressora
letër
papel
ekran
ecrã
maus
rato
tavolinë
secretária
dosje
pasta
tastierë
teclado
kosh letrash
cesto de lixo
kompjuter
computador
karrige
cadeira

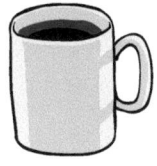

filxhan kafeje

caneca de café

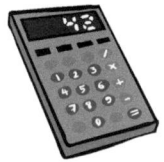

makinë llogaritëse

calculadora

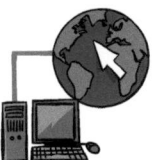

internet

internet

kompjuter portativ

computador portátil

letër

carta

mesazh

mensagem

telefon

telemóvel

rrjet

rede

fotokopje

fotocopiadora

program

software

telefon

telefone

prizë

tomada elétrica

pajisje faksi

fax

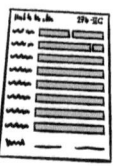

formular

formulário

dokument

documento

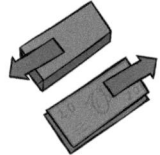

blej

comprar

paguaj

pagar

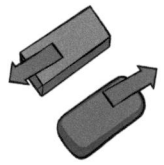

tregtoj

negociar

para

dinheiro

USD

dollar

dólar

EUR

euro

euro

JPY

jen

yen

RUB

rubla

rublo

CHF

franga zvicerane

franco suíço

CNY

juani kinez

renminbi yuan

INR

rupje

rupia

bankomat

caixa de multibanco

pikë këmbimi valutor	ar	argjend
casa de câmbio	ouro	prata

nafta	energji	çmim
petróleo	energia	preço
		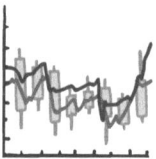
kontratë	taksë	aksione
contrato	imposto	ação

punoj	punonjës	punëdhënës
trabalhar	empregado	entidade patronal

fabrikë	dyqan	
fábrica	loja	

profesionet
profissões

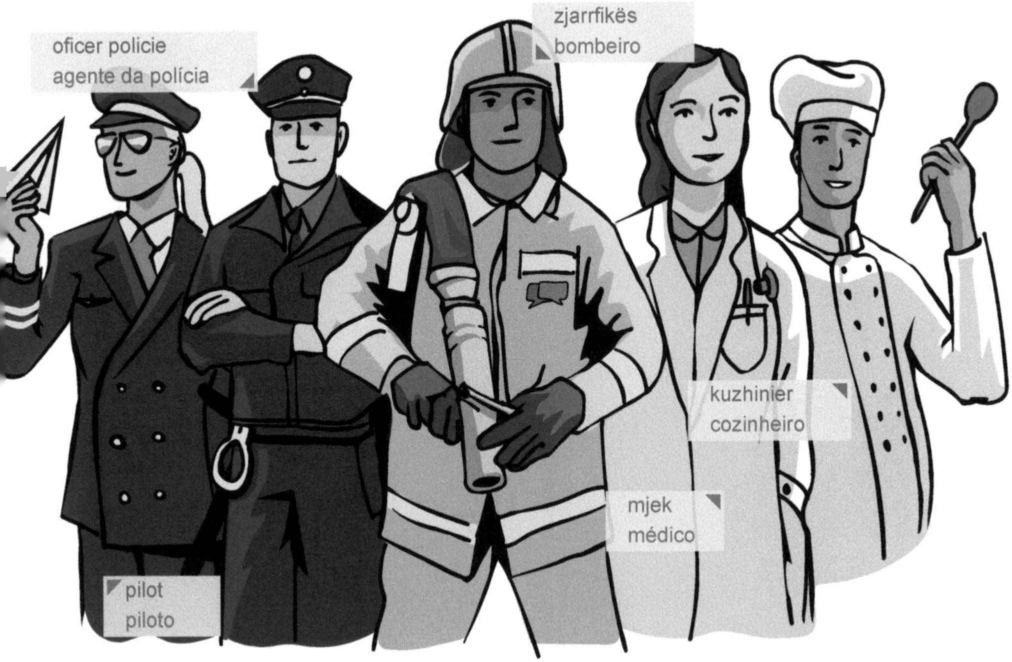
oficer policie
agente da polícia
zjarrfikës
bombeiro
kuzhinier
cozinheiro
mjek
médico
pilot
piloto

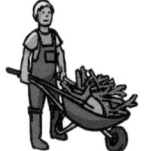

kopshtar

jardineiro

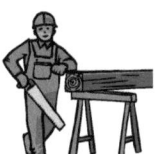

marangoz

carpinteiro

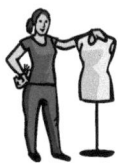

rrobaqepëse

costureira

gjykatës

juiz

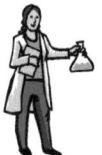

kimist

químico

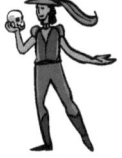

aktor

ator

shofer autobuzi

motorista de autocarro

taksist

motorista de táxi

peshkatar

pescador

pastruese

empregada de limpeza

riparues çatish

telhador

kamarier

empregado de mesa

gjuetar

caçador

piktor

pintor

furrxhi

padeiro

elektriçist

eletricista

ndërtues

construtor

inxhinier

engenheiro

kasap

talhante

hidraulik

canalizador

postieri

carteiro

ushtar

soldado

arkitekt

arquiteto

arkëtar

caixa

luleshitës

florista

berber

cabeleireiro

kontrollor

controlador de bilhetes

mekanik

mecânico

kapiten

capitão

dentist

dentista

shkencëtar

cientista

rabin

rabino

imam

imã

murg

monge

klerik

pastor

mjete
ferramentas

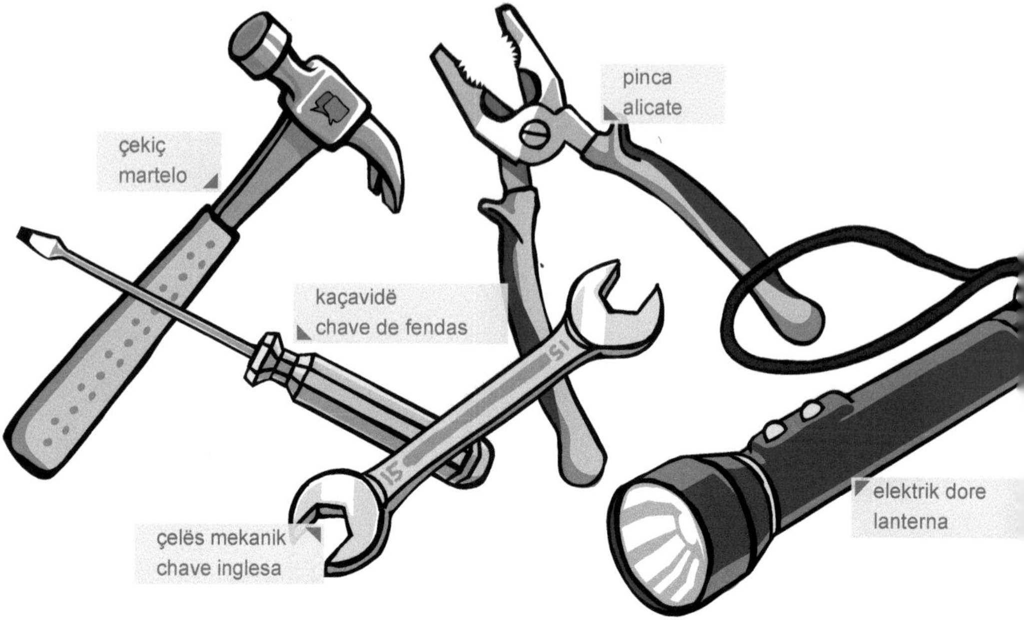

pinca
alicate
çekiç
martelo
kaçavidë
chave de fendas
elektrik dore
lanterna
çelës mekanik
chave inglesa

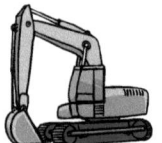

ekskavator

escavadora

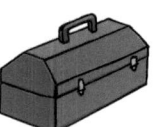

kuti veglash

caixa de ferramentas

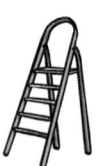

shkallë

escadote

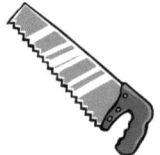

sharrë

serra

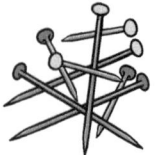

gozhdë

pregos

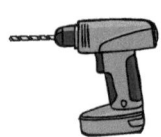

trapan

broca

riparoj
reparar

lopatë
pá

Dreq!
porcaria!

kaci
pá de lixo

kuti boje
pote de tinta

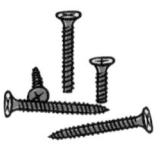

vidhë
parafusos

instrumenta muzikorë
instrumentos musicais

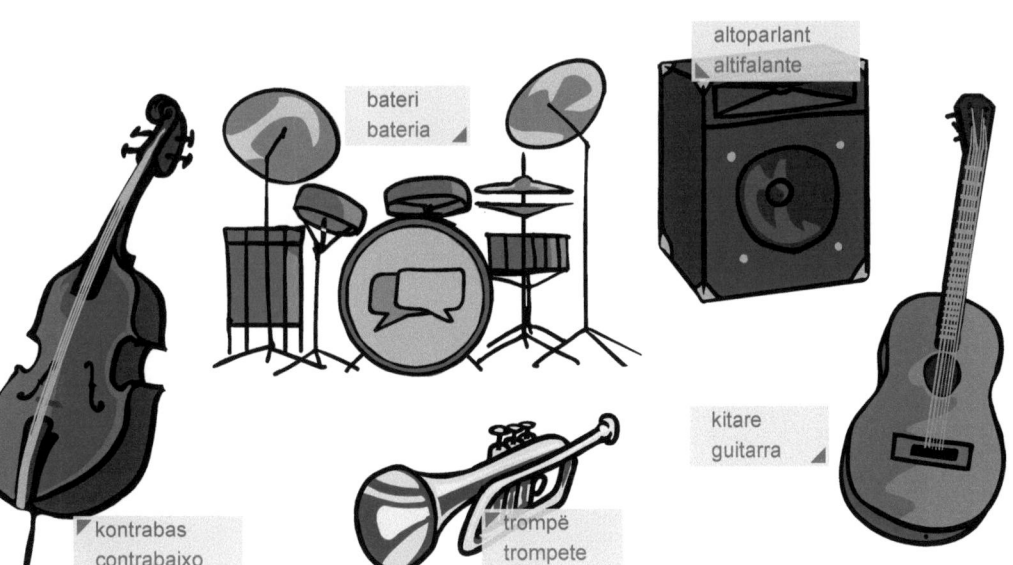

altoparlant
altifalante

bateri
bateria

kitare
guitarra

kontrabas
contrabaixo

trompë
trompete

piano
piano

violinë
violino

bas
baixo

tamburë
timbales

daulle
tambor

tastierë pianoje
teclado

saksofon
saxofone

flaut
flauta

mikrofon
microfone

kopsht zoologjik
jardim zoológico

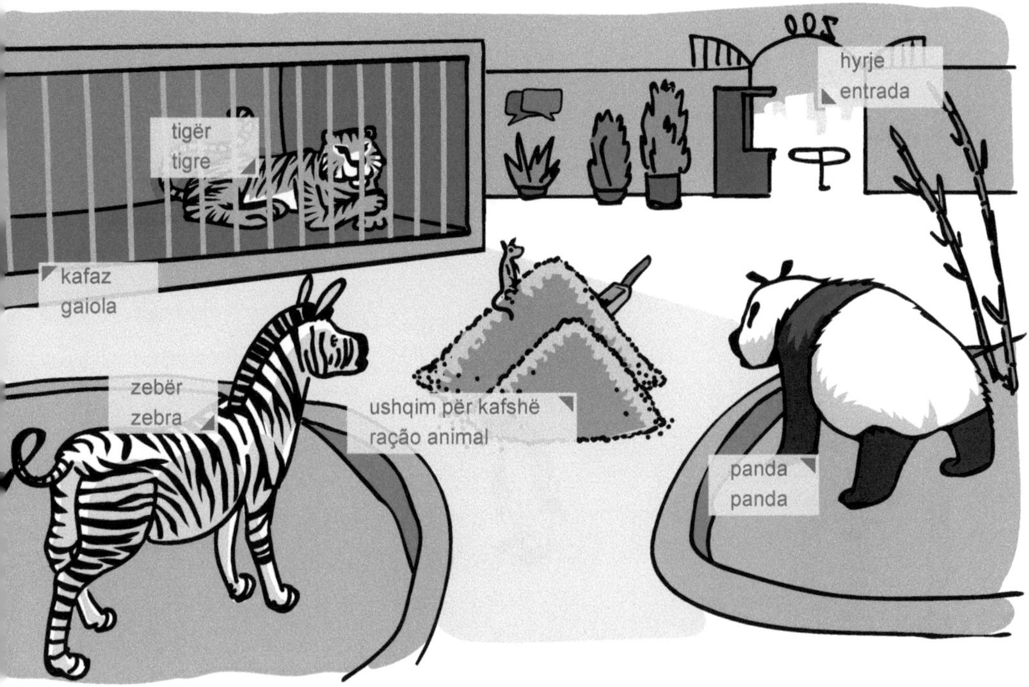
hyrje
entrada
tigër
tigre
kafaz
gaiola
zebër
zebra
ushqim për kafshë
ração animal
panda
panda

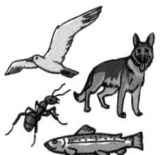

kafshë

animais

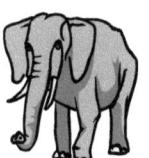

elefant

elefante

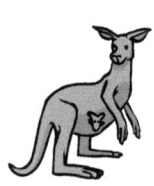

kangur

canguru

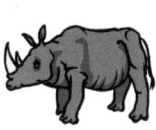

rinoceront

rinoceronte

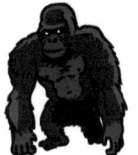

gorillë

gorila

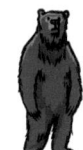

ari

urso

deve

camelo

struc

avestruz

luan

leão

majmun

macaco

flamingo

flamingo

papagall

papagaio

ari polar

urso polar

pinguin

pinguim

peshkaqen

tubarão

pallua

pavão

gjarpër

cobra

krokodil

crocodilo

punonjës i kopshtit zoologjik

guarda do jardim zoológico

fokë

foca

xhaguar

jaguar

poni
póney

leopard
leopardo

hipopotam
hipopótamo

gjirafë
girafa

shqiponjë
águia

derr i egër
javali

peshk
peixe

breshkë
tartaruga

lopë deti
morsa

dhelpër
raposa

gazelë
gazela

futboll amerikan
futebol americano

çiklizëm
ciclismo

tenis
ténis

basketboll
basquetebol

not
natação

boks
boxe

hokej mbi akull
hóquei no gelo

futboll	badminton	atletikë
futebol	badminton	atletismo
hendboll	ski	polo
andebol	esqui	polo

aktivitet
atividades

hidhem
saltar
përqafoj
abraçar
qesh
rir
eci
andar
këndoj
cantar
ëndërroj
sonhar
lutem
rezar
puth
beijar

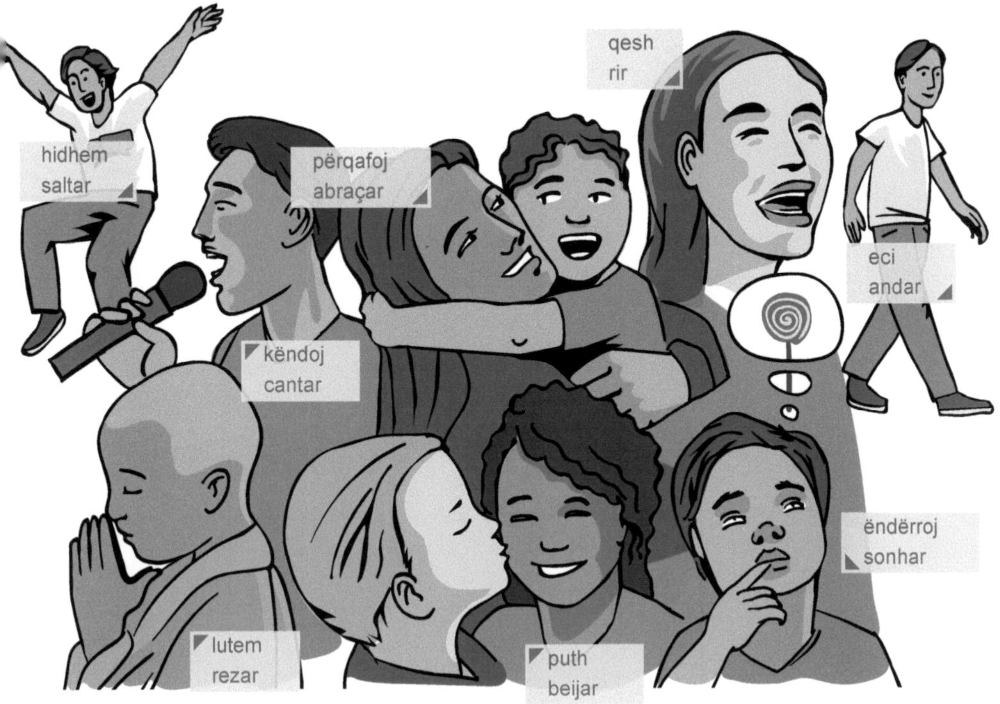

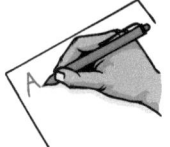

shkruaj
escrever

vizatoj
desenhar

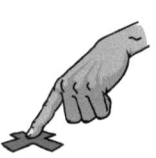

tregoj
mostrar

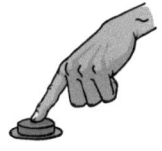

shtyj
empurrar

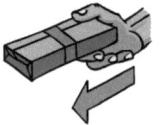

jap
dar

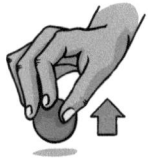

marr
tomar

kam
ter

bëj
fazer

jam
ser

qëndroj
ficar de pé

vrapoj
correr

tërheq
puxar

hedh
remessar

bie
cair

shtrihem
deitar

pres
esperar

mbaj
carregar

ulem
sentar

vishem
vestir

fle
dormir

zgjohem
acordar

shikoj

olhar para

qaj

chorar

përkëdhel

acariciar

kreh

pentear

bisedoj

falar

kuptoj

compreender

kërkoj

perguntar

dëgjoj

ouvir

pi

beber

ha

comer

sistemoj

arrumar

dashuroj

amar

gatuaj

cozinhar

drejtoj makinën

conduzir

fluturoj

voar

aktivitet - atividades

lundroj

velejar

llogaris

calcular

lexoj

ler

mësoj

aprender

punoj

trabalhar

martohem

casar

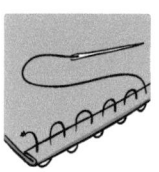

qep

costurar

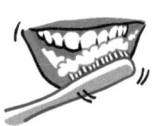

laj dhëmbët

escovar os dentes

vras

matar

tymos

fumar

dërgoj

enviar

familje
família

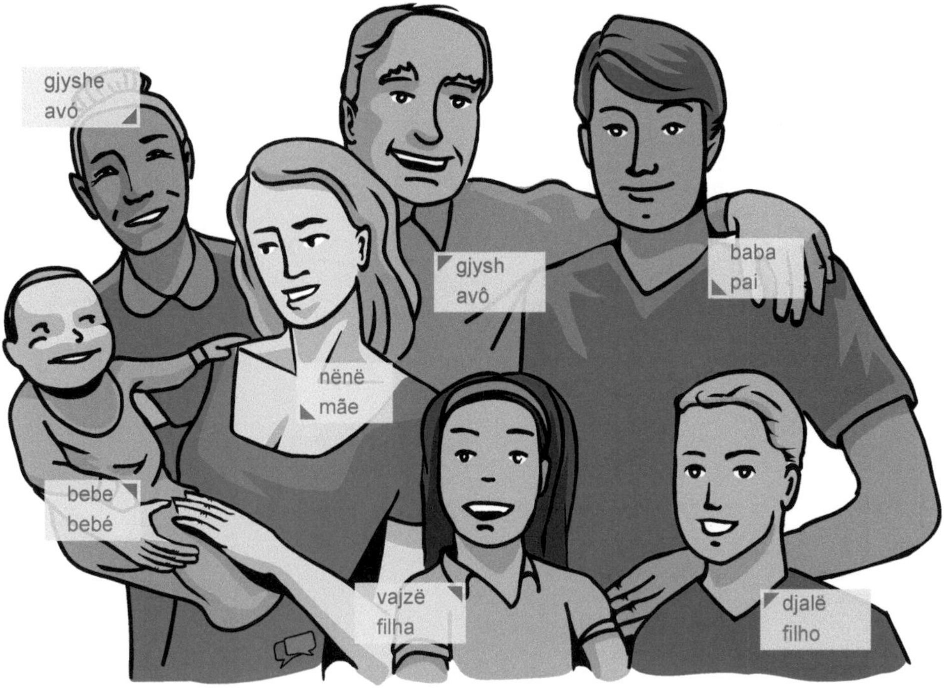

gjyshe
avó
gjysh
avô
baba
pai
nënë
mãe
bebe
bebé
vajzë
filha
djalë
filho

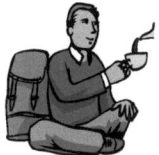

mysafir
convidado

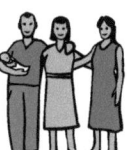

teze, hallë
tia

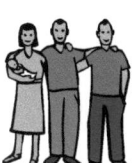

dajë, xhaxha
tio

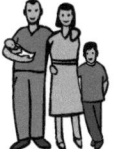

vëlla
irmão

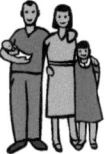

motër
irmã

trupi
corpo

balli
testa
syri
olho
shpatulla
ombro
gishti
dedo
fytyra
cara
mjekra
queixo
dora
mão
kraharori
peito
këmba
perna
krahu
braço

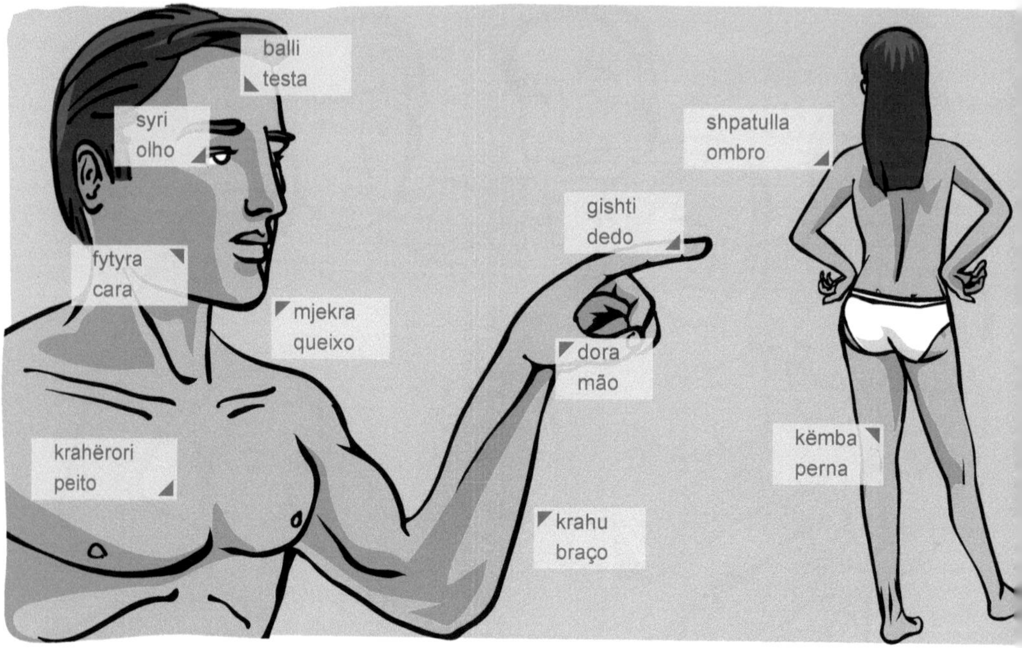

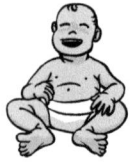

bebe

bebé

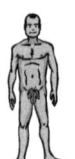

burrë

homem

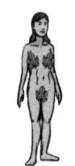

grua

mulher

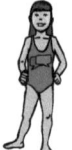

vajzë

menina

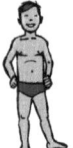

djalë

menino

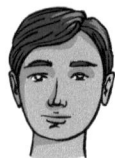

koka

cabeça

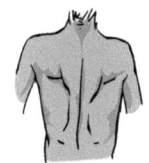

shpina

costas

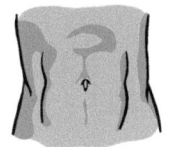

barku

barriga

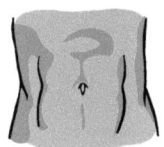

kërthiza

umbigo

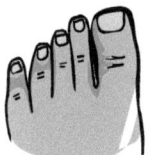

gisht këmbe

dedo do pé

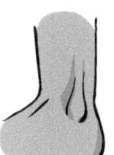

Thembra

calcanhar

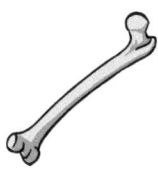

kockë

osso

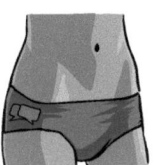

legeni

anca

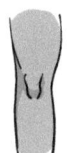

gjuri

joelho

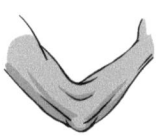

bërryli

cotovelo

hunda

nariz

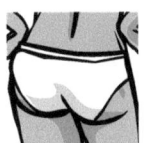

vithe

nádegas

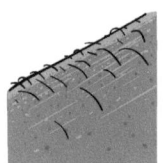

lëkura

pele

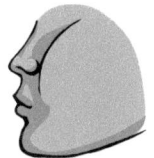

faqja

bochecha

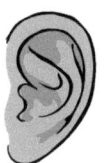

veshi

orelha

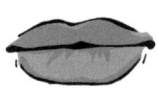

buza

lábio

goja
boca

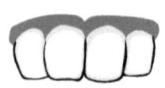

dhëmbët
dente

gjuha
língua

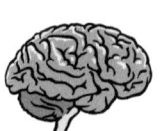

truri
cérebro

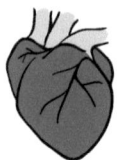

zemra
coração

muskul
músculo

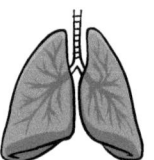

mushkëria
pulmão

mëlçia
fígado

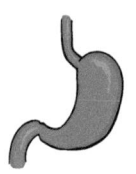

stomaku
estômago

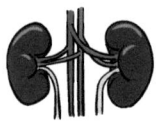

veshka
rins

seks
relações sexuais

prezervativ
preservativo

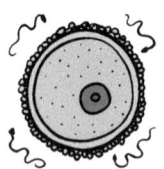

veza
óvulo

sperma
esperma

shtatëzani
gravidez

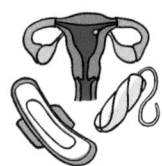

menstruacione
menstruação

vagina
vagina

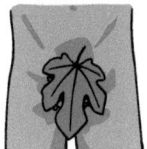

penis
pénis

vetulla
sobrancelha

flokët
cabelo

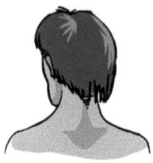

qafa
pescoço

spital
hospital

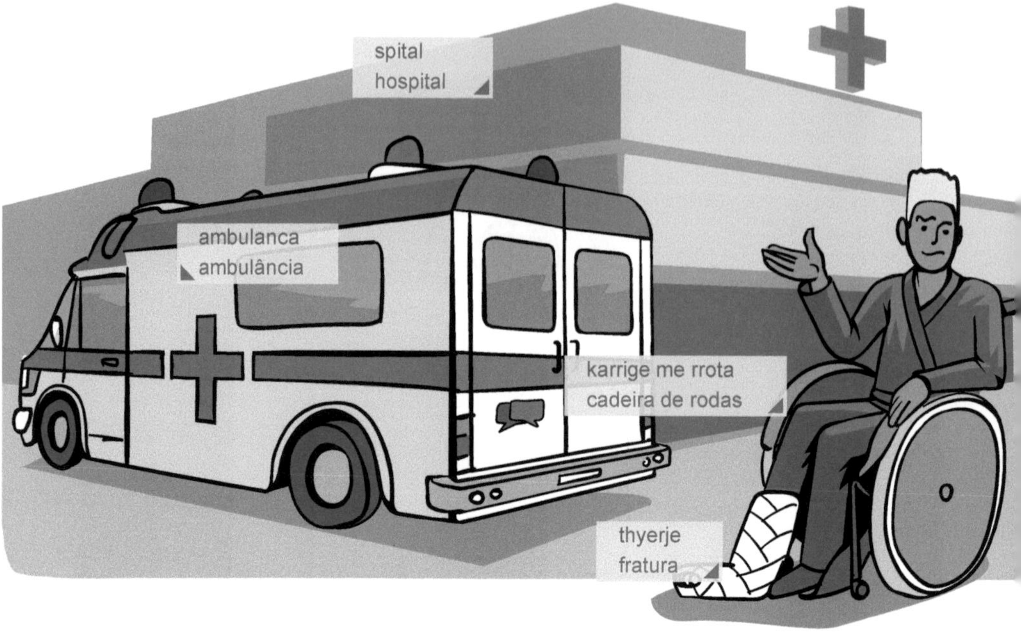

spital
hospital
ambulanca
ambulância
karrige me rrota
cadeira de rodas
thyerje
fratura

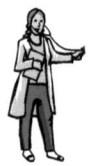

mjek

médico

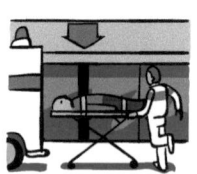

sallë urgjencash

serviço de urgências

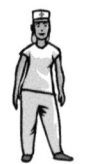

infermiere

enfermeira

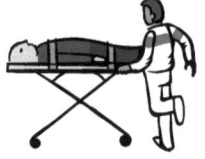

emergjencë

emergência

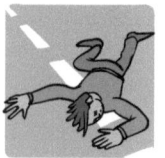

i pandërgjegjshëm

inconsciente

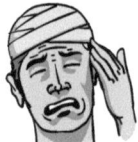

dhimbje

dor

dëmtim

ferimento

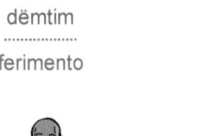

gjakosje

hemorragia

infarkt

ataque cardíaco

goditje

acidente vascular cerebral

alergji

alergia

kolla

tosse

ethe

febre

grip

gripe

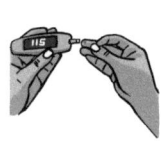

diarre

diarreia

dhimbje koke

dor de cabeça

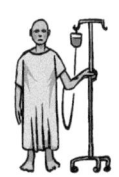

kancer

cancro

diabet

diabetes

kirurg

cirurgião

bisturi

bisturi

operacion

operação

CT (skaner)

CT

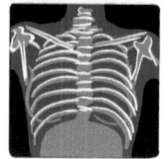

radiografi

raio x

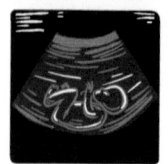

ultratingull

ultrassom

maskë fytyre

máscara

sëmundje

doença

dhomë pritjeje

sala de espera

paterica

muleta

leukoplast

penso rápido

fasho

ligadura

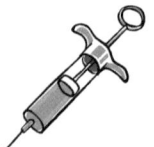

injeksion

injeção

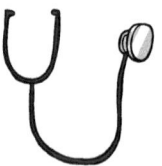

stetoskop

estetoscópio

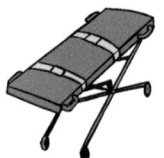

barelë

maca

termometër

termómetro

lindje

nascimento

mbipeshë

excesso de peso

aparat dëgjimi	dezinfektant	infeksion
aparelho auditivo	desinfetante	infeção

virus	HIV / AIDS	mjekësi, mjekim
vírus	HIV / SIDA	medicamento

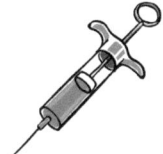
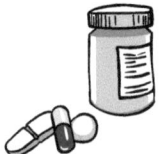

vaksinim	tableta	pilulë
vacinação	comprimidos	pílula

telefonatë emergjence	aparat tensioni	i sëmurë / i shëndetshëm
chamada de emergência	dispositivo de medição de pressão arterial	doente / saudável

Ndihmë!

Socorro!

alarm

alarme

sulm

assalto

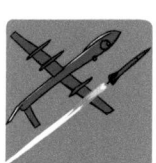

atak

ataque

rrezik

perigo

dalje emergjence

saída de emergência

Zjarr!

Fogo!

fikëse zjarri

extintor de incêndios

aksident

acidente

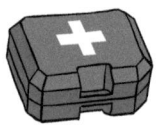

kuti e ndimës së shpejtë

estojo de primeiros socorros

SOS

SOS

policia

polícia

Europa

Europa

Amerika e Veriut

América do Norte

Amerika e Jugut

América do Sul

Afrika

África

Azia

Ásia

Australia

Austrália

Atlantiku

Atlântico

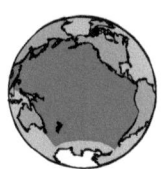

Paqësori

Pacífico

Oqeani Indian

Oceano Índico

Oqeani Antarktik

Oceano Antártico

Oqeani Arktik

Oceano Ártico

Poli i veriut

Polo Norte

Poli i Jugut

Polo Sul

Antarktida

Antártica

toka

terra

tokë

país

det

mar

ishull

ilha

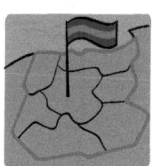

komb

nação

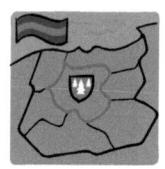

shtet

estado

fusha e orës

mostrador do relógio

akrepi i orës

ponteiro das horas

akrepi i minutave

ponteiro dos minutos

akrepi i sekondave

ponteiro dos segundos

Sa është ora?

Que horas são?

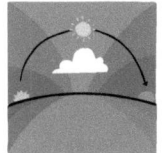

ditë

dia

kohë

tempo

tani

agora

orë dixhitale

relógio digital

minutë

minuto

orë

hora

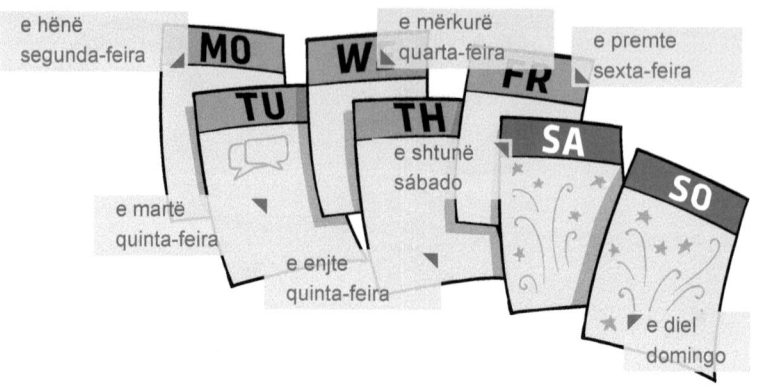

e hënë — segunda-feira

e mërkurë — quarta-feira

e premte — sexta-feira

e martë — quinta-feira

e enjte — quinta-feira

e shtunë — sábado

e diel — domingo

dje

ontem

sot

hoje

nesër

amanhã

mëngjes

manhã

mesditë

meio-dia

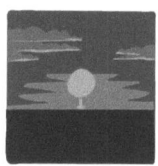

mbrëmje

entardecer

ditë pune

dias úteis

fundjavë

fim de semana

vit

ano

shi
chuva
ylber
arco-íris
erë
vento
borë
neve
pranverë
primavera
vjeshtë
outono
verë
verão
dimër
inverno

4.APRIL 11°
5.APRIL 4°
6.APRIL 13°
7.APRIL 8°
8.APRIL 10°

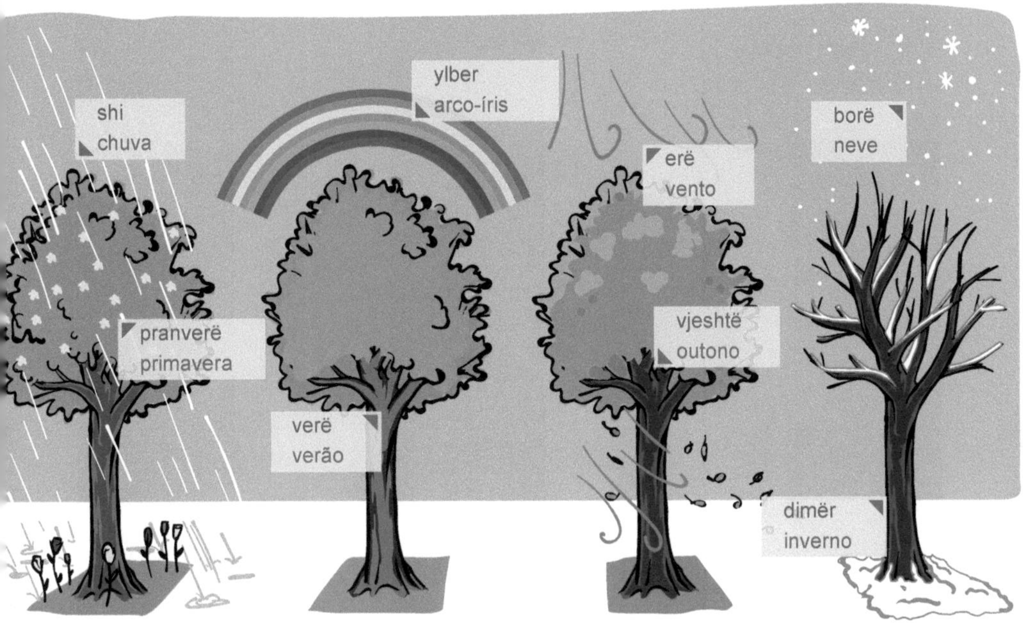

parashikimi i motit
previsão do tempo

F C
120 40
90 30
60 20
30 10
0 0
-30 -10
-20

termometër
termómetro

ndriçim dielli
raios de sol

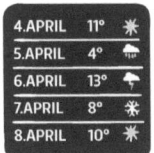

re
nuvem

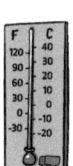

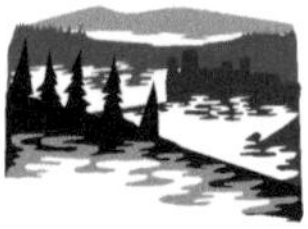

mjegull
neblina / nevoeiro

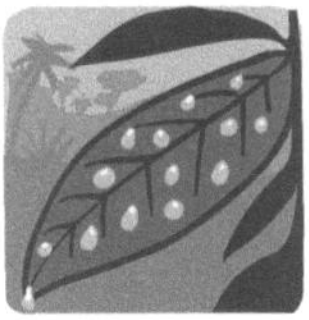

lagështi
humidade do ar

vetëtima

relâmpago

gjëmim

trovão

stuhi

tempestade

breshër

granizo

muson

monção

përmbytje

inundação

akull

gelo

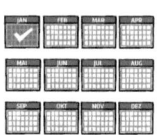

janar

janeiro

shkurt

fevereiro

mars

março

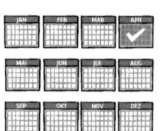

prill

abril

maj

maio

qershor

junho

korrik

julho

gusht

agosto

vit - ano

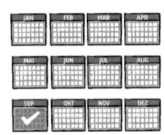

shtator
setembro

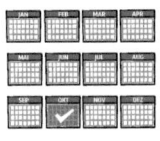

tetor
outubro

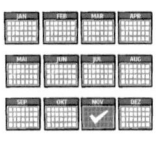

nëntor
novembro

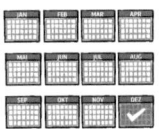

dhjetor
dezembro

rreth
círculo

katror
quadrado

drejtkëndësh
retângulo

trekëndësh
triângulo

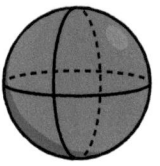

sferë
esfera

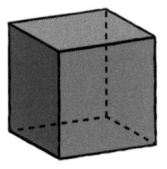

kub
cubo

e bardhë

branco

e verdhë

amarelo

portokalli

laranja

rozë

rosa

e kuqe

vermelho

vjollcë

lilás

blu

azul

e gjelbër

verde

kafe

castanho

gri

cinzento

e zezë

preto

shumë / pak

muito / pouco

i nevrikosur / i qetë

furioso / calmo

i bukur / i shëmtuar

lindo / feio

fillim / fund

princípio / fim

i madh / i vogël

grande / pequeno

i ndritshëm / i errët

claro / escuro

vëlla / motër

irmão / irmã

e pastër / e pistë

limpo / sujo

e plotë / jo e plotë

completo / incompleto

ditë / natë

dia / noite

gjallë / vdekur

morto / vivo

i gjerë / i ngushtë

largo / estreito

i ngrënshëm / i pangrënshëm

comestível / não comestível

i keq / i këndshëm

mau / gentil

i lumtur / i mërzitur

entusiasmado / entediado

i shëndoshë / i dobët

gordo / magro

e para / e fundit

primeiro / último

mik / armik

amigo / inimigo

plot / bosh

cheio / vazio

e fortë / e butë

duro / macio

e rëndë / e lehtë

pesado / leve

uri / etje

fome / sede

i sëmurë / i shëndetshëm

doente / saudável

e paligjshme / e ligjshme

ilegal / legal

i zgjuar / budalla

inteligente / burro

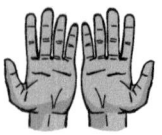

majtas / djathtas

esquerda / direita

afër / larg

perto / longe

e re / e përdorur

novo / usado

asgjë / diçka

nada / algo

i moshuar / i ri

velho / jovem

ndezur / fikur

ligado / desligado

hapur / mbyllur

aberto / fechado

i qetë / i zhurmshëm

baixo / alto

i pasur / i varfër

rico / pobre

e drejtë / e gabuar

certo / errado

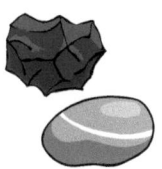

i ashpër / i butë

áspero / liso

i mërzitur / i lumtur

triste / feliz

i shkurtër / i gjatë

curto / longo

ngadalë / shpejt

lento / rápido

i lagësht / i thatë

molhado / seco

ngrohtë / freskët

ameno / fresco

luftë / paqe

guerra / paz

0	**1**	**2**
zero	një	dy
zero	um	dois

3	**4**	**5**
tre	katër	pesë
três	quatro	cinco

6	**7**	**8**
gjashtë	shtatë	tetë
seis	sete	oito

9	**10**	**11**
nentë	dhjetë	njëmbëdhjetë
nove	dez	onze

12

dymbëdhjetë
doze

13

trembëdhjetë
treze

14

katërmbëdhjetë
catorze

15

pesëmbëdhjetë
quinze

16

gjashtëmbëdhjetë
dezasseis

17

shtatëmbëdhjetë
dezassete

18

tetëmbëdhjetë
dezoito

19

nentëmbëdhjetë
dezanove

20

njëzetë
vinte

100

qind
cem

1.000

mijë
mil

1.000.000

milion
milhão

anglisht

inglês

anglishte amerikane

inglês americano

kinezisht mandarin

chinês mandarim

hindi

hindi

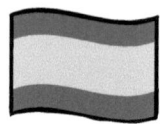

spanjisht

espanhol

frëngjisht

francês

arabisht

árabe

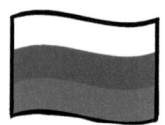

rusisht

russo

portugalisht

português

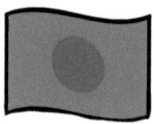

bengalisht

bengalês

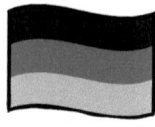

gjermanisht

alemão

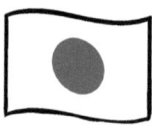

japonisht

japonês

kush / çfarë / si
quem / o quê / como

unë
eu

ti
tu

ai / ajo
ele / ela

ne
nós

ju
vós

ata
eles / elas

kush?
quem?

çfarë?
o quê?

si?
como?

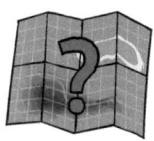

ku?
onde?

kur?
quando?

emër
nome

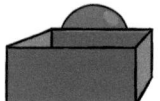

pas
atrás

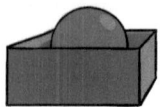

në
em

përballë
à frente de

sipër
sobre

mbi
em cima

poshtë
debaixo

pranë
ao lado

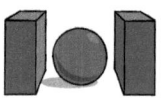

midis
entre

vend
lugar